AF590821

Isaia Geschrift

Druk November 2013 Sathanama
ISBN 978-1-304-57521-0

WAT GOD IN MIJ LIET WETEN EN ZIEN
Sathanama

Inhoud

Gods Boodschap

Mijn Geliefden,

Zoek naar mij in jezelf en je zult mijn kracht vinden. Ik leef in alles en iedereen en ik ben alles. Mijn licht schijnt overal, in alles en in een ieder. Jij bent gevormd naar mijn evenbeeld met al mijn kwaliteiten. Jij bent gecreëerd, jij kan creëren en je zal creëren!

Zoek mij niet buiten jezelf, maar zie mij in alles en iedereen. Ik verbind mij met jou op een manier die past alleen bij jou. Jouw connectie met mij is uniek en niet te vergelijken met die van anderen. Ik spreek tot een ieder met dezelfde kracht en het hangt van jezelf af of je me wilt horen. Je kunt me horen in een bries, in een stem, in stilte, in jezelf. Mijn connectie met jou is persoonlijk. Vertrouwen zal je bij mij brengen. Geloof dat ik er ben en jouw weg zal voor je open gaan. De waarheid komt altijd eruit.

Kom, mijn geliefde, open je hart om de waarheid te ontdekken net als degenen die je zijn voorgegaan, wees niet bang. Het is je recht.

Laat mij jou leiden naar het koninkrijk van mijn licht, want licht is wat jij echt bent.

Ik zal je problemen niet uit je handen nemen, want dan leer je niet de kracht te gebruiken die je in je draagt. Maar ik kan je helpen door deuren te openen zodat je ze zelf op kunt lossen als de tijd daar is.

Ik ben het licht, ik ben jouw licht. Jij bent mij en ik ben jou. Samen zijn wij in eeuwigheid!

GOD – de Alomtegenwoordigheid

Isaia's Voorwoord

Filosofie van Isaia

Isaia ziet God als een puur zuiver licht dat een Universele Intelligente Energie weergeeft en alles doorgrondt. Volgens Isaia bezit deze Universele Intelligente Energie een kracht, wijsheid en liefde die alleen vanuit onvoorwaardelijke liefde werkt. De mens is in staat van deze bron van energie gebruik te maken door vanuit compassie te handelen en te groeien naar onvoorwaardelijke liefde. Het is een leerweg voor de mens om door de verschillen op Aarde heen te kijken (de illusie) en elkander als ware broeders en zusters te aanvaarden zodat een eenheid gevormd wordt waarin men verantwoordelijk is voor elkaar en het leven op Aarde. Dit is de weg naar Verlichting, de weg van de Messias. De weg naar diepe vrede op Aarde. Dit is Isaia - Verlicht door God

Isaia is de naam doorgegeven aan Sathanama om dit geschrift te verspreiden. Isaia betekent Verlicht door God, de Messias of de profeet.
De boodschap van Isaia is dat een ieder de staat van Verlichting kan bereiken zoals Jezus en anderen. Een ieder is Zijn eigen Profeet. God geeft dezelfde kracht en het licht aan een ieder om dit te ontdekken.
Door een ander op een voetstuk te plaatsen ontkracht je jezelf, waardoor er een gat ontstaat in je eigen groei. Maar door een voorganger te respecteren en lief te hebben, word je geholpen op je pad naar Verlichting.

Besef dat God geen onderscheid maakt in wie hij wat geeft, maar dat het je eigen verantwoordelijkheid is wat je ermee doet.
De staat van Verlichting heeft te maken met het 'wederom' aanvaarden van God in jezelf. Isaia's doel is de mens te doen ontwaken in zijn God-Zijn en de naam God tot in de diepste kern te zuiveren, zodat God als de Puurste essentie gezien wordt en men verheven wordt uit de illusie.
Door het God-Zijn in jezelf te ervaren wordt de geloofsovertuiging overstegen.
Isaia is er niet om iemand te overtuigen van iets, maar opent de mogelijkheid om zelf te ervaren. Isaia brengt en geeft deze Puurheid van God weer in elke vorm mogelijk en is er voor een ieder ongeacht geloof of achtergrond.

Advies: De informatie in dit geschrift zal beter bezinken door het rustig te lezen.

Het Besef

God

Ik ben de Puurste Essentie met de Hoogste Intelligentie. Ik heb het Al gecreëerd. Alles bestaat en leeft in Mij en is Mijn Vorm in uitdrukking.

God is de puurste essentie met de hoogste intelligentie. Alles bestaat en is in God. God heeft het Al gecreëerd. In alles leeft God, omdat het zijn vorm in uitdrukking is. Mens, dier en natuur is een uitdrukking van God. In de creatie is ook Wil ontstaan. De Wil heeft in God een illusionair bewustzijn gecreëerd. Vanuit Wil is de staat van Zuiver Hoger Bewustzijn, God, bereikbaar. In elke vorm is de puurste essentie God aanwezig. En ook is elke vorm de puurste essentie God al dan niet omhuld in een illusionair bewustzijn. Dit illusionair bewustzijn dient vanuit Wil doorgrond te worden. Er bestaat namelijk alleen de puurste essentie God.
Aan God zal geen geslacht worden ontleend, maar in de spreektaal zoals we die nu kennen zullen we over Hem spreken.

[Boven God bestaat niets anders. God is trilling van de zuiverste soort. Gods energie doorgrondt alles wat er is. God heeft Het Al gecreëerd. Het Al is alles zonder grenzen, waarmee bedoeld wordt oneindig. In de creatie is ook Wil ontstaan. Wil geeft het bewustzijn een keus en omdat de Ziel Gods creatie is, heeft de Ziel een Keus. Vanuit deze keus is de Illusionaire Wereld ontstaan. De Illusionaire Wereld is de wereld van de Dualiteit (zie "De Illusie") waarin de mens getest wordt in Gods Liefde. De test is de keus tussen Angst of Liefde. Het tegenovergestelde en de dualiteit van Liefde welke men dient te doorgronden is Angst. Vanuit De Wil om Angst te doorgronden en daarbij de illusie is Gods koninkrijk bereikbaar.]

Godsbewustzijn

Mijn bewustzijn is het zuiverste bewustzijn van Onvoorwaardelijke Liefde. Op een dag realiseer je je dat ook jij alleen uit het Godsbewustzijn bestaat.

In deze Onvoorwaardelijke Liefde kunnen jullie je weg bewandelen en mijn kracht ontdekken en weet ik dat je ooit uit de Illusie stapt.
Het Godsbewustzijn is een staat van bewustzijn die de zuiverheid van God weergeeft, namelijk Onvoorwaardelijke Liefde.
Het Godsbewustzijn kent geen oordeel en accepteert alles zoals het is vanwege de onvoorwaardelijkheid. Dit houdt in dat God niet in staat is om te oordelen. God ziet alleen puur licht in alles dat er is. In deze onvoorwaardelijke liefde bewandelt de ziel zijn weg om vanuit het Zelf Gods kracht te gaan ontdekken. Godsbewustzijn is in de zuiverste vorm te vinden in Moeder Aarde. Moeder Aarde kan gezien worden als het vrouwelijke aspect van God, als we God in een geslacht zouden onderverdelen. In al haar onvoorwaardelijkheid dient zij het leerproces in de Illusionaire Wereld en behoort wellicht zelf tot de illusie.

[Onvoorwaardelijke Liefde is de liefde die geen beperking kent. Het maakt niet uit wat er gebeurt, ik heb je lief. God heeft ons onvoorwaardelijk lief en laat ons vrij onze keuzes te maken en het pad te bewandelen. Het is onze keus of we vanuit Godsbewustzijn gaan leven of niet. Het is onze keus of we in een illusie willen blijven of niet. Maar als je echte liefde wilt kennen stel dan je hart open voor het Godsbewustzijn.]

God als Man en Vrouw

Net als Ik ben jij zowel Man als Vrouw in perfecte balans.

Jullie zijn gemaakt naar Mijn Vorm, dragend de perfecte balans van Man – Vrouw in je, een perfecte balans van Macht en Liefde in onvoorwaardelijkheid. Door de creatie van die illusie en dualiteit is er een fysieke splitsing ontstaan van man en vrouw die een scheiding heeft gebracht.
Vanuit de illusie waarin tijd tot de realiteit behoort volgt:
Verleden: In het verleden heeft de energie van macht sterk de overhand gehad en zich meer gemanifesteerd in de man, waarbij de vrouw, de energie van de Liefde dragend, onderdrukt werd. De vrouw werd machteloos en kon haar liefde van God niet tot uiting brengen.
Heden: De tijd is aangebroken dat de energie van de Liefde, het vrouwelijke aspect van God, zich integreert in het leven op Aarde. Dit houdt in dat de disbalans nog even zal voortduren, omdat de man nu de liefde zal ontdekken, maar eerst op zichzelf gebracht dient te worden. Voor de vrouw houdt dit in dat ook zij op zichzelf zal staan, omdat de man nog niet klaar is deze liefde en verantwoordelijkheid te delen. Dit is wederom goed voor haar, om niet op zoek te gaan naar haar redder, maar te leren dat zij beide krachten in zich heeft en niet afhankelijk is.
Toekomst: Man en Vrouw hebben zichzelf gevonden in perfecte balans. In de creatie kunnen ze dan ook naast elkaar leven in liefde en daadwerkelijk Hemel op Aarde creëren.

Het groepsbewustzijn speelt de grootste rol in het creëren van Hemel op Aarde. In het groepsbewustzijn is dat wat wij met zijn allen creëren. Hoe meer mensen in een hogere bewustzijnsstaat verkeren, des te groter de kans dat Hemel op Aarde een feit wordt. In de creatie van het bewustzijn zal daarom dienstbaarheid noodzakelijk zijn tot een ieder in het Licht van God verkeert.

Het Licht

Ook al leef je in de schaduw van je eigen duisternis, Ik zie alleen het Licht in je.

God is Puur licht. Licht is het Zuiverste wat er is. In licht wordt de diepste vrede uitgedrukt. Licht kent geen emotie en dus ook geen liefde. Licht is de Zuiverheid waar elke Ziel bewust of onbewust naar toe beweegt. Denk hier aan een zaad dat door uit het donker van de aarde naar het licht toe groeit. De uitdrukking 'waar licht is, kan geen donker zijn' komt hier volledig tot zijn recht. Waar Licht is, dus de Puurste Essentie God, is geen ruimte voor duisternis, de Illusionaire Wereld. Om de Puurste Essentie God te ervaren dient men het Licht in alles en ieder te aanvaarden en daarmee de illusie doorbreken.

[God ziet alleen Licht. En als jij naar het beeld van God bent gemaakt, ben je in staat om óók alleen Licht te zien, als je uit de illusie breekt. Een ieder is naar Gods perfectie gemaakt, betekent dat een ieder eigenlijk Licht is, al dan niet omhuld door zijn illusie. Als je Licht bent straal je Licht waar het donker is en zal je inzien dat iedereen Licht is.]

De Illusie

Illusie is niet wie Ik ben en is ook niet wie Jij bent!

De Illusionaire Wereld is de wereld waar dualiteit is. Dualiteit is een tegenpool. Het ego is het bewustzijn van de dualiteit en gaat tegen het Godsbewustzijn in. Het ego is erg intelligent en dient niet onderschat te worden. Het ego kan ook als een leermeester gezien worden om je bewust te maken van de dualiteit. Hoe het ook zij, alles wat niet in onvoorwaardelijke liefde is, behoort tot de illusie. En het is deze illusie die men dient te doorbreken om het Koninkrijk van God te betreden.

[Dualiteit betekent tegenstelling. In de dualiteit is een tegenstelling voor Licht gecreëerd namelijk donker of duisternis. De duisternis wordt door het Ego in leven gehouden. Door het ego met liefde te benaderen en alles wat het probeert te creëren, zoals angst of negativiteit, in liefde om te zetten, heeft het geen macht meer.]

In de creatie is ook Karma ontstaan. Door bewustwording van de invloed van karma in je leven en het creëren van goed karma, breekt men door de illusie heen naar het Koninkrijk Gods.

[Karma, wat betekent oorzaak en gevolg, helpt de mens op weg naar het Godsbewustzijn, maar karma is geen onderdeel van het Godsbewustzijn. Het is een onderdeel van de illusie zodat men een onderscheid kan maken tussen goed en kwaad en zich ervan bewust wordt dat alles wat men doet een gevolg heeft.]

Liefde – de Weg

De Ziel is ons Voertuig, Liefde onze Weg en Licht onze Bestemming.

De Weg die de Ziel aflegt naar het Licht is de Liefde Liefde is hier een emotie die een warme verbondenhei weergeeft.
Het Godsbewustzijn is onvoorwaardelijke Liefde. Di bewustzijn is de weg naar de Puurste Essentie God er zal vanuit het huidige bewustzijn op aarde de weg volgen van vergeving naar compassie om vervolgens in onvoorwaardelijke liefde uit te bloeien in Godsbewustzijn.

[Gods Liefde waarin we leven is onvoorwaardelijk en is voor iedereen bereikbaar. Sterker nog een ieder is ermee verbonden. Alleen de een wat sterker dan de ander. Jij bent zelf verantwoordelijk of je de onvoorwaardelijke liefde in je leven toelaat, zodat je wordt wie je echt bent. Het pad van de liefde is zonder gevecht en overwint angst.]

Verlichting

Verlichting is een staat van Zijn waar bij je Diepe Vrede en Onvoorwaardelijke Liefde ervaart waar je ook bent.

Dienstbaarheid

Ik ben Dienstbaar in Mijn hele Creatie.

Je bent gemaakt naar Mijn Beeld en op weg naar j groei uit de illusie zal ook jij vanzelf dienstbaar worde naar Mij en vandaar uit naar Jezelf en de Creatie, omda dat Mijn Wil in uitdrukking is.
Wie in zichzelf de Puurheid Gods ontdekt zal i eeuwigheid leven

[God is dienstbaar naar alles en iedereen. Bij elk vraag om hulp zal hij hulp sturen, de Godkracht. D Godkracht bestaat uit Engelen, Elohim, Deva's, Verheven Meesters, Godinnen, gidsen ect. De soort hulp hangt af van je niveau van ontwikkeling, maar een ieder verbindt Hij met de Engelen. Door het dienen van God wordt de Puurheid Gods in alles uitgedrukt.]

Heilige Plaatsen

Er zijn vele heilige plaatsen op Aarde. Een heilige plaats is een plek waar de kracht van God versterkt is, vaak door een verlicht persoon. Bezoek deze plekken als je daar de behoefte toe voelt. Buiten deze heilige plaatsen is men zelf in staat een heilige plek te creëren zoals een altaar.

Altaar

Een altaar is een heilige plek, waar je kunt bidden en mediteren. God woont overal, dus ook in jouw huis. Je hoeft niet naar een speciale plek te gaan om God te vinden, maar door wel met mensen samen komen om te bidden en te mediteren, wordt het groepsbewustzijn versterkt. Als je de gelegenheid hebt probeer dan ook met mensen samen te komen.

Religie en Godsdienst met Isaia

Volgens Isaia is de tijd aangebroken dat men God in Zijn Geheelheid aanvaardt als het enige Ware dat bestaat en dat men geen onderscheid meer maakt in welke vorm dan ook. Isaia respecteert ieder geloof in zijn kern als een uitdrukking van de Pure Essentie God.
Elk geloof brengt op haar manier een kracht, een discipline, een liefde in de vele aangezichten van God, evenals de vele aangezichten van God zich uitdrukken in de verscheidenheid van de mens. In deze verscheidenheid zijn ook alle uitdrukkingen van de Illusionaire Wereld weergegeven en ligt de kracht van

God in de Mens om met Wil door deze illusie heen te breken en geen onderscheid meer te maken, maar elkander te aanvaarden als Ware Broeders en Zusters op Aarde. Dit is de sleutel tot Ware Vrede op Aarde.

[Het maakt niet uit of men een geloof aanhangt of welk geloof men aanhangt. De boodschap is elkander als één te aanvaarden, alsof we bloedverwanten zijn, en in alles en ieder God te zien]

Isaia wordt vormgegeven in een religie, wat in de zuiverste vorm betekent ‘ weer verbinden met’. Zij is geen Godsdienst en zal deze ook niet volgen. Isaia kan wel een toevoeging zijn aan elke Godsdienst en respecteert ook elke Godsdienst die in zijn kern de Puurheid en Zuiverheid van God draagt.

De Weg

Liefde is de enige weg

Een ziel dient de weg te bewandelen die zij voelt te moeten wandelen. Elke deur waar men doorheen gaat geeft een voeding voor de ziel om van te leren, hoe zwaar soms de ervaring ook mag zijn. Uiteindelijk gaat het er om vanuit compassie en onvoorwaardelijke liefde te leren leven en door de illusie heen te breken. Een ieder die de Verlichting niet ervaren heeft zit gevangen in het web van de illusie en gelooft dat wat diegene ziet en ervaart echt is.

Maak je eigen altaar

Alvorens te beginnen maak je thuis je eigen persoonlijke altaar. Een ieder dient zijn eigen altaar te maken. Deel geen altaar met een ander, ook niet met je partner, eventueel alleen met je kinderen op jonge leeftijd. Richt je altaar in op je eigen manier. Je kunt op je altaar plaatsen wat jij voelt wat jij nodig hebt. Uiteraard met liefdevolle voorwerpen. Plaats op je altaar alleen witte kaarsen. Met witte kaarsen haal je de hoogste en zuiverste energie bij je. Je altaar dien je met respect te behandelen. Hiermee wordt bedoeld dat je niet met buitenschoeisel je altaar betreedt en dat je je altaar schoon houdt. Je altaar is jouw fysieke plek om verbinding te maken met God en met jezelf. Probeer 's ochtends voordat je de dag begint en 's avonds voor je gaat slapen bij je altaar te zitten.
Een altaar is een fysieke plek voor mensen om zichzelf eigenlijk continu te herinneren aan de verbinding met

God. Maar je altaar is ook in jezelf! Dus waar je ook bent je hebt je altaar bij je, omdat God nu eenmaal overal is.

Gods Altaar betreden

Een ieder heeft toegang en het recht tot Gods altaar. Jouw eigen zuiverheid en liefde maakt het mogelijk of minder makkelijk om een zuivere verbinding met God te maken. God stuurt altijd zijn helpers om te helpen bij vragen die ook zuiver zijn en komend vanuit het hart. Het hangt af van jouw ontwikkeling of jouw illusie/duisternis, hoe sterk de verbinding met God is. Naar aanleiding van deze verbinding wordt hulp gestuurd vanuit dat niveau. Maar vergeet niet, de wonderen zijn de wereld niet uit.

Alles wat je nu doet om je verbinding met God te herstellen is een vordering voor je ziel. Je ziel leeft eeuwig. Dus ook al gaat de ontwikkeling voor je gevoel langzaam in een leven, het gaat niet om dit leven, maar het gaat om je ziel, die waarschijnlijk meerdere levens op aarde tegemoet gaat. Stel dus niet uit tot later wat je Nu kan doen.

Gods altaar kunnen we op twee manieren betreden. De eerste is in gebed en de tweede is in stilte gebed of meditatie. Beide wordt geadviseerd in je leven toe te passen.

Gebed

Elke vorm van verbinding maken met God is een Gebed. Het gebed is een communicatie tussen mens en God en is dus zeer persoonlijk. Afhankelijk van het gebed zal een reactie gegeven worden. Er wordt altijd een reactie gegeven, ook al is die voor de persoon niet direct zichtbaar. Men dient het geloof en vertrouwen te hebben dat het Gebed verhoord is.
In gebed kan je God danken voor het leven dat Hij je schenkt en de mogelijkheid je leven te verbeteren. In gebed kan je ook God om hulp vragen om situaties in je leven op te lossen, te verhelderen, te veranderen. God kan deuren openen zodat deze verandering plaats kan vinden. Maar jij bent verantwoordelijk voor je leven en alles wat je doet. Jij bent degene die op weg is de kracht van God in jezelf te ontdekken. God zal het daarom nooit voor je oplossen, maar zal altijd de hulp sturen die bij jou hoort.

Stilte Meditatie

De tweede manier is in stilte gebed of meditatie te gaan. Stilte gebed is de moeilijkste meditatie die er is. Door in stilte te keren creëer je de mogelijkheid dat God contact met je maakt, of je je daar bewust van bent of niet. Door de stilte kan God je geven wat je nodig hebt, zonder dat je hoeft te vragen. Je stelt je ervoor open dat God Zijn werk doet en door de stilte ben je in vertrouwen dat het

juiste voor jou gebeurt.
De moeilijkheid van de stilte meditatie of het gebed is het proberen aan niets te denken. Je zult merken dat vele gedachten voorbij komen. En dat is niet erg. Het gaat erom dat je je niet laat meeslepen in deze gedachten. Laat ze er rustig zijn, maar besteed geen aandacht aan ze. Gedachten willen macht. Het ego wil macht. Zodra je ze aandacht geeft, geef je ze macht en heeft het ego je, waar hij je hebben wil. Zolang je je gedachten geen aandacht geeft, maar liefde, hebben ze geen macht en zullen ze vanzelf verdwijnen. Zo bouw je langzaam de stilte op in jezelf. De ene dag zal het gemakkelijker gaan dan de andere, maar geef niet op. In deze stilte - ook al proberen gedachten je af te leiden - maakt God verbinding met jou. Dan kan God met jou communiceren en integreren wat er geïntegreerd mag worden. Dat betekent niet dat je God zal horen, maar Hij laat je weten op Zijn unieke manier wat Zijn boodschap is. Zijn boodschap kan een gedachte zijn die je met iemand deelt of een sterk gevoel iets te moeten ondernemen. Het maakt niet uit. Hij spreekt altijd tot je, onthoud dat!

Ademhaling

De ademhaling is de belangrijkste voeding voor lichaam en geest. In de lucht is prana, levensenergie. Door een goede ademhaling haal je de prana in je lichaam en verspreid je het door je lichaam. Een goede ademhaling wordt getypeerd door diep in de buik te ademen. Er zijn verschillende ademhalingen die bij sommige oefeningen gebruikt worden. Bij meditatie gebruiken we de diepe buikademhaling, heel rustig en zo langzaam en geleidelijk mogelijk. De buik dient daarbij zacht te zijn, zodat de innerlijke ademhaling toegang heeft tot je hele systeem en de prana opgenomen kan worden in je gehele lichaam. Door een goede stroom van prana kom je tot leven.

Versterk je verbinding met God door door de illusie heen te breken.

Bij Isaia geloven wij dat een ieder toegang heeft tot elke informatie die nodig is en dat men zijn pad volgt zoals hij voelt dat hij het dient te doen. Er is geen richtlijn op het pad, want zoals eerder beschreven is het pad tussen jou en God alleen. Elke deur die geopend wordt, de keuze die men maakt in het leven, is een deur waar de ziel iets wil leren of oplossen door de ervaring. De ziel wordt daar bewust gemaakt van iets waar het doorheen wil gaan. Spreid ook altijd je armen en ontvang de lessen als je een deur opent. Voordat je een deur binnen gaat en een beslissing neemt raden wij aan dat je eerst diep naar binnen gaat en vraagt of dit de weg is om nu te volgen. Tijdens het afstemmen ga je steeds dieper door je lagen heen door elke keer te herhalen *'ik laat mijn eigen denken los en ben vrij om het antwoord te ontvangen'*. Door steeds dieper te gaan lossen de ego-lagen steeds meer op , zodat je antwoord steeds zuiverder wordt. Blijf wel geloven in je eigen gevoel, maar probeer door je ego heen te prikken, want het ego kan je doen verwarren met je eigen gevoel. Er zijn uiteraard meerdere wegen die je naar God leiden, probeer in alles wat je onderneemt de zuiverheid en puurheid van God te ervaren. Het is jouw weg die je bewandelt en zoals God zegt, 'Je verbinding met Mij is uniek'. En vergeet niet onderweg te genieten. Het pad is de weg naar de Verlichting, en dus ook naar de innerlijke vreugde.

Hier volgen enige stappen om je op weg te helpen op je pad. Gebruik de tijd die nodig is om een stap te integreren. Je hoeft de stappen niet in deze volgorde te gebruiken. Volg je hart. Jouw toewijding zal je brengen waar je dient te wezen.

Stap 1
Accepteer God als het enige Ware Licht waar je onderdeel van bent. Luister naar Zijn stem in jouw hart. Geloof en vertrouw dat dit zo is.

Stap 2
Herprogrammeer oud gedrag dat niet volgens het Godsbewustzijn is.

- **Stop met vechten op elk niveau.**

De grootste gevechten zijn de gevechten die men in zichzelf heeft en creëert. Door diep adem te halen en te ontspannen, komt men in zijn innerlijk gevoel en kan men in zichzelf zeggen 'ik laat mijn gevecht los' en blijf het herhalen zolang het nodig is.
Het zal gebeuren dat je omgeving je in hun gevecht wil betrekken. Wees je bewust dat jij degene bent die dat laat gebeuren. Als je merkt dat dit gebeurt, zet een stap naar achteren, haal diep adem en zeg 'ik ga niet mee in dit gevecht, ik adem God in. God is mijn weg.'

Soms zal je merken dat het niet zo makkelijk gaat. He is een leerweg. De ene keer zet je een stap vooruit en d andere keer twee achteruit. Dat is niet zo erg, zolang j jezelf blijft corrigeren en blijft realiseren wat er aan d hand is. Jij bent de enige die jou kan corrigeren. Wee dus eerlijk naar jezelf, dan ben je ook eerlijk naar d God in jou.

Stap 3

- **Zuiver je energieveld.**

Vraag God om alles wat niet goed voor je is uit je energieveld en leven te verwijderen. Durf los te laten, durf te laten gaan waar je wellicht lang op hebt geleefd en stel je open voor het nieuwe.

- **Ontvang**

Vraag God daarna om alles wat ooit bij jou hoorde, maar wat je hebt weggegeven bij jou terug te brengen. Durf deze zegening te ontvangen. En voel hoe je langzaam weer heel wordt met jezelf.

Stap voor stap zal het plaats vinden, deze ontwikkeling hangt af van je eigen groei en wil om de weg naar God op de juiste manier te bewandelen. Vergeet niet dat God altijd luistert.

Stap 4

1. In gebed: vraag God je te zegenen
2. Na deze zegening: zegen jezelf alsof je in visualisatie je eigen hand boven je hoofd houd.

Stap 5

Vraag God je te helpen om naar zijn beeld te denken en handelen. Hier vindt de integratie van het Godsbewustzijn plaats. Verwerp elke gedachte die niet volgens het Godsbewustzijn is. Dat zijn gedachten die geen liefde of compassie omvatten. Met het verwerpen van gedachten wordt bedoeld: deze in liefde om te zetten naar liefdevolle gedachten, zodat je door de illusie en het ego heen breekt.

Stap 6

Besef dat de een ieder in de illusie slachtoffer is. Een ieder die vanuit de illusie leeft en dus vanuit zijn ego, is niet wie hij werkelijk is. Degenen die kwaad doen zijn net als hun slachtoffer ook slachtoffer. Door het donker om zich heen zijn ze niet verbonden met licht en vaak creëren ze meer duisternis. Let wel, vanuit dit bewustzijn, waarin men leeft in deze illusie, betekent het niet dat het toegestaan is kwaad te verrichten, maar alleen met liefde kunnen ze terecht gewezen worden en misschien dat ze het licht van God mogen ervaren om de weg naar hun ware zelf te ontdekken.

Stap 7

Heel je hart als het nodig is. Een ieder maakt dingen mee die pijnlijk zijn. Waarom is nooit helemaal duidelijk. Maar door je vertrouwen in God te stellen worden je wonden geheeld, of deze wonden karmisch zijn of niet. Eén ding is zeker, op het moment dat je de waarheid ontdekt dat je een gelijkenis van God bent, verdwijnen ook deze wonden alsof ze er nooit geweest zijn. Elke keer als je wat meemaakt, maakt niet uit wat, vraag God je de waarheid te laten zien en waarom je dit mee moet maken. Zodra je open staat om het antwoord te ontvangen, zal je het ook ontvangen.

Stap 8

Tijd is een illusie. Eén van de eerste dingen die je zult leren is om het pad naar God met geduld te bewandelen. Op welk moment deuren open gaan en dingen opgelost worden is aan God. Ieders leven heeft een complexiteit in zich die niet te vergelijken is met die van iemand anders. God bepaalt dit moment afhankelijk van jouw devotie en de mate waarin je Zijn Licht op de juiste manier toelaat. Dat betekent dat je je eigen verantwoordelijkheid dient te nemen wanneer iets gebeurt. We worden hier op aarde aan tijd gemeten, wat een creatie is van de illusie. De ziel leeft eeuwig, wat betekent dat tijd er niet toe doet. Houd je niet vast in tijd als een factor van druk, maar doe wat je dient te doen in het Nu.

Stap 9

Wees een dienaar voor God. Stel God aan als je baas. Vraag dan aan God wat jij op aarde kan doen voor de mensheid dat past in Zijn plan. Er zullen je vele dingen getoond worden en het hangt van jouw groei en zuiverheid af welke vorm het aanneemt, maar je bent in staat alles te geven, omdat je een creatie van God bent. Je werkt voor God en God zal je geven wat je toe behoort. Verwacht niet dat God je aardse weelde zal geven, want het is in jouw geven, dat je zal ontvangen. Wat God je zal schenken is niet met aardse ogen te zien. Vertrouw dat God op de juiste manier voor je zorgt en als dat betekent dat je bijvoorbeeld door een bepaalde armoede op aarde moet gaan, dan is dat zo. De waarheid zal ook aan jou geopenbaard worden en is echt niet afhankelijk van het leven op Aarde. Het leven op Aarde is een verwarrende illusie waar men zich vaak aan meet. Het zegt niets over ware innerlijk geluk. Iemand die in armoede leeft kan gelukkiger zijn dan iemand die rijkdom heeft. Vergeet dat nooit!

Stap 10

Loslaten

Door vast te houden aan het aardse verlangen blokkeren we de stroom van de Goddelijkheid.
Herhaal een aantal keer: *Ik laat los en laat God me leiden waar ik heen moet.*

Stap 11

Volg je hart. Als je voelt dat je hier nog wat aan wilt toevoegen vanuit je liefde, voel je vrij. Jij bent de createur van je leven.

Boodschappen voor onderweg

Door vanuit je hart te gaan leven zal het koninkrijk van God zich in je openbaren. Hier zijn een aantal punten waar men op kan letten om in de stroom van het leven te komen en dus in de stroom van het Licht.

- **Neem verantwoordelijkheid voor alles in je leven**

[Niemand kan je iets aandoen waar je niet om hebt gevraagd. De wet van karma en verleden levens hebben een grote invloed op ons leven. Iets kan pas veranderen als je accepteert dat jij er zelf voor verantwoordelijk bent. Jij bent onderweg naar je Verlichting en je zal tegen komen wat gezuiverd dient te worden. Door niet in de rol van het slachtoffer te vallen verbreek je de kracht van de illusie.]

- **Deel alles wat je leert vanuit je hart**

[Door niets voor jezelf te houden kom je in de stroom van het leven en dus in de dienstbaarheid. God geeft een ieder wat men nodig heeft en jij bent gemaakt naar het beeld van God!]

- **Jij bent de keeper van je licht, onthoud dat!**

[Niemand kan je licht wegnemen, tenzij jij het toelaat.

Kijk met wie je omgaat, loop niet weg voor het donker, maar laat je licht schijnen in het donker. Laad je als het nodig is weer op in licht.]

- **Maak geen beeld van God**

[God bestaat in alles. Als je daar een beeld van wilt maken kijk om je heen, want hij is de zuiverste hoogste intelligentie dat alles omvat dat er is. God bestaat in alles en dus ook in jo.u]

- **Leef in het NU!**

[Als je aandacht teveel in de toekomst is of in het verleden, kan je nauwelijks jezelf corrigeren en jezelf aarden. NU is het moment en alleen het NU bestaat. Morgen is toekomst en gisteren is geweest. Als je in het NU doet waar God je heen leidt zal dat vruchten afwerpen in de toekomst.]

- **Door te geven vanuit je hart, zal je ontvangen**

[Geef niet om te ontvangen, want dan houd je jezelf voor de gek. Als je moeite hebt om te geven door wat je hebt meegemaakt, heel dan eerst je hart. Door je hart te helen kan je God weer ervaren en zal het geven vanzelf komen. Vergeet onderweg niet te ontvangen wat God je schenkt.]

- **Handel vanuit Zuivere Intentie**

[Je intentie is heel belangrijk om de zuiverheid van God te ervaren. Als je intentie is, ik doe iets goddelijks om werelds succes te hebben, zal dat hoogstwaarschijnlijk niet passen in Gods plan. Wees eerlijk naar jezelf van waaruit je handelt en zuiver het. Het ego is erg intelligent en zal proberen je gedachten te veranderen.]

- **Gebruik alleen wat nodig is**

[Gods kracht creëert continu overvloed. Door in angst

te leven, wat onze grootste vijand is, blokkeer je de weg van de stroming en dus Gods eeuwige bron. Vertrouw dat God je zal schenken wat je nodig hebt en het zal je gegeven worden.]

- **Verwacht nooit terug**

[Als je geeft, geef je omdat je wilt geven en niet om iets terug te ontvangen. God zorgt voor je en zal je schenken wat je nodig hebt. Heb vertrouwen dat dit ook zo werkt, richt je ogen daarom ook niet op een ander, want ieders pad is uniek en hangt af van zijn of haar karma.]

- **Een Wereld van vrede creëren begint bij jezelf**

[Men wil graag vrede op Aarde. Vrede op Aarde begint bij en in jezelf, door te kijken waar je conflicten hebt. Doorbreek deze conflicten en je zal zelf vrede uitstralen. In Licht zit vrede, je licht zal stralen waar het donker is. Vrede zal zich dan verspreiden.]

God in het dagelijkse leven

Door de kracht van God in je te ontwikkelen, zal je leven op aarde een andere dimensie krijgen. Op weg naar deze kracht dien je met zuiverheid en helderheid naar je leven te kijken. Op je weg zal je merken dat Angst, behorende bij de illusie, de grootste factor is om te overwinnen. Om je in je inzichten te ondersteunen, behandelen we een aantal belangrijke gebeurtenissen in onze maatschappij. Wij bieden tevens persoonlijke hulp bij deze inzichten. We begrijpen dat het allemaal niet zo eenvoudig is zoals het omschreven staat in een paar woorden.

Werk

Men komt altijd op een plek waar men iets dient t leren, zo ook op het werk. Werk wordt als een zee belangrijke factor gezien in de maatschappij. Werk zorgt voor een inkomen waarvan je kunt leven en men is daar helaas erg afhankelijk van. Deze afhankelijkheid laat men keuzes maken die niet uit hun har voortkomen. Je zult merken dat des te meer God in je groeit er ook een vertrouwen in je zal groeien die meer een innerlijke richting zal geven die bij jou ziel past. Waardoor de kracht er ook zal zijn je leven te veranderen en risico's te nemen en daarop te vertrouwen.

- Het eerste waar men naar kan kijken is of je gelukkig bent op je werkplek. Zo niet, vraag dan God wat je hier mag leren. Je hebt die baan om een reden: omdat jij die deur gekozen hebt, heeft je ziel een keuze gemaakt een les te leren. In sommige gevallen zal het moeilijk zijn in zuiverheid hier achter te komen. Maar blijf het proberen. Misschien ben je daar omdat jij deze baan je ambieerde, of omdat je daar je licht mag laten schijnen, of omdat je leert om vanuit compassie te leven. Sta open voor elke mogelijkheid en leer wat je dient te leren of te brengen. Meestal volgt dan de verandering vanzelf of de kracht om te veranderen.
- Kijk of je organisatie vanuit zuiverheid handelt. Als je op het pad bent om zuiverheid en dus God in je leven te integreren, zal je steeds gevoeliger worden voor de werkwijze van je omgeving. Vele organisaties werken niet vanuit

zuiverheid, maar vanuit het creëren van omzet. Het ligt aan jou wat jij ermee wilt doen: van baan veranderen of daar blijven. De keus ligt bij jou. Laat je je door angst leiden, transformeer deze angsten dan naar liefde.

- Werken geeft je de mogelijkheid bij te dragen aan de maatschappij en dus ook aan de groei van het geheel en jezelf. Je terug trekken om jezelf te leren kennen is mooi en het wordt mooier als je dat daarna deelt met je medemens.

Al met al zal men ervaren dat het niet uitmaakt waar je werkt als je steeds meer groeit naar de diepe vrede en onvoorwaardelijke liefde in jezelf.

Huwelijk

Vanuit het licht en de zuiverheid van God is elke verbinding Heilig. God ziet alleen licht en wij zijn gemaakt naar het evenbeeld van God. Als wij vanuit de waarheid, God, kijken zullen we ervaren dat elk huwelijk heilig is. Een huwelijk mag dan ook niet verstoord worden, tenzij dit huwelijk niet de heiligheid draagt die het behoort te dragen. Door je te verbinden met de krachten boven je, zoals bijvoorbeeld je gidsen, zal je geleid worden in je handelen.

Maak je huwelijk Heilig

Een huwelijk heilig maken vraagt om een bewustwording van het paar. Beiden dienen de tijd te nemen zichzelf te leren kennen. In die tijd dient men zich eigenlijk te verbinden in een huwelijk met zichzelf, en de heiligheid, de God of Godin, in het zelf te aanvaarden. Dit is nodig om je eigen trilling naar het niveau te brengen van de God of de Godin zodat een ander jou in die trilling zal aanvaarden. In een heilig huwelijk zal men dan elkaar als God of Godin ervaren. Je God of Godin draag je op handen vanuit een onbeschrijfelijke liefde. Dit betekent niet dat je geen problemen onderweg zult tegen komen. In je groei naar een heilig huwelijk leer je elkaar kennen en sta je open voor de ideeën van de ander. Door acceptatie groeit men naar hogere niveaus en naar de creatie van het heilige huwelijk op aarde.

Als je huwelijk niet klaar is voor een openheid op deze manier, probeer je partner dan te accepteren zoals hij of zij is. Accepteer ook als hij of zij je niet accepteert. En vraag God om hulp om je de weg naar geluk te tonen.

Advies: communiceer maandelijks met elkaar over je relatie en het leven. Sta open voor je partner en leer elkaar zo beter kennen. Dan heeft echte liefde de kans te ontwikkelen en te stromen.

Gezin – kinderen

De geboorte is één van de wonderbaarlijkste creaties op aarde. Stel je voor hoe het mogelijk is dat een kind door samenkomst van twee minuscuul kleine cellen uitgroeit tot een wonder. Elke geboorte is een mogelijkheid voor een ziel om op aarde te leren en te geven. Zielen zoeken samen met God de ouders uit die hen mogen begeleiden in hun leven. We spreken niet over opvoeden, maar begeleiden. De richting die het kind dient te volgen is tussen God en het kind. De ouder begeleidt het kind voor op het leven op aarde.
De kinderen van tegenwoordig dragen boodschappen van God bij zich en worden de nieuwetijdskinderen genoemd. Zij zijn gezegend om deze boodschappen op aarde te verspreiden. De ouders van deze kinderen dienen dus niet alleen hun kind te begeleiden, maar ook naar hun boodschappen te luisteren alsof ze van God komen. Er zullen ook zielen zijn die op weg naar hun geboorte door energieën gaan die zwaar zijn. Als je dat merkt bij je kind, vraag hulp.
Een kind begeleiden is niet eenvoudig, helaas komt er geen begeleidend boekje bij. Daarentegen maakt dit het ook spannend. Vaak is het begeleiden van kinderen gebaseerd op tradities en hoe de ouder zelf is groot gebracht. Hier volgen enige tips om op te letten

- Kijk hoe je eigen opvoeding (vaak is het geen begeleiding) is geweest. Was je gelukkig of werd je mishandeld bijvoorbeeld? Als er veel pijn factoren zijn, probeer deze vanuit het hart te helen, desnoods onder begeleiding. Probeer oude niet liefdevolle patronen uit je systeem te transformeren.

- Probeer de mooie dingen vanuit liefde over te brengen op je kind en de slechte ervaringen buiten te sluiten. Schreeuwen naar een kind bijvoorbeeld is net als pijlen op hem afschieten. Het zijn niet alleen woorden, het is ook energie die zich beweegt in een richting. Een mooi voorbeeld zijn de water kaarten van Masaru Emoto. De trilling van water verandert naar lelijk en donker als je het water met slechte woorden benadert en de trilling wordt mooi en licht als je mooie liefdevolle woorden gebruikt. Alles is gevormd uit energie en heeft een trilling. Door liefde te zijn en uit te stralen, straal je dat ook uit als een trilling om je heen.
- Laat een kind nooit gaan slapen als je boos op hem bent. Maak het eerst goed met het kind, zodat het vredig kan slapen. Dat is goed voor jou en het kind. Laat liefde altijd jullie weg en passie zijn.
- En soms moet je strikt zijn. Een kind is nog steeds een kind, ook al is de ziel oud en wijs. Hij zal proberen grenzen te overschrijden, daarvoor is het kind en ben jij ouder.
- Je hebt elkaar uitgenodigd om van elkaar te leren. Blijf open voor wat een kind jou mag brengen.
- Je kan alleen je best doen, meer niet.

Gemeenschap

Een ieder is onderdeel van de gemeenschap. De weg naar Verlichting vraagt om oordeelloos te kunnen handelen. Oordeelloos betekent niet dat iets goedgekeurd is, maar je laat een ander het pad bewandelen waarheen ze geleid worden. Het gaat er niet om de wereld te willen verbeteren, maar dat wat men ziet en ervaart is de illusie. Het gaat erom dat men door de illusie heen breekt. De enige die je kan veranderen is jezelf door continu in de spiegel te kijken. Dat wat jij bent of wordt straal je uit. Als God meer door je heen stroomt zal je uitstraling liefdevoller en mooier worden, wat een effect zal hebben op je omgeving. Probeer dan een voorbeeld te zijn in plaats van een betweter. Elke verbinding die gemaakt wordt is er een om van te leren, ook als je denkt verder te zijn op het pad dan een ander. De student leert om Meester te worden en de Meester leert om geen onderscheid te maken.

Politiek

Elke politieke partij is nodig, omdat elke partij een uitdrukking is van de mensheid in zijn verscheidenheid. Daarin dient men een liefdevolle balans te vinden. He vanuit zuiverheid handelen in een politieke partij vraag om een zuivere afstemming op God. Wat is het juiste, wat mag gebeuren? En niet vanuit een persoonlijk handelen. De wereld is in een staat van verandering en transformatie en dat zal zo blijven tot dat een ieder verlicht is.

- Een van de eerste stappen is te leren luisteren vanuit het hart en niet vanuit de mind te reageren, maar mind en hart dienen uiteindelijk samen te werken.
- Echt leren samen te werken in plaats van elkaar als concurrent te zien. Allen zijn we verantwoordelijk hoe we de creatie van God weergeven
- Het is niet erg om toe te geven wanneer een ander gelijk heeft. Zuiver het uit met elkaar.

Gezondheid

Ziekte is een teken en een uitdrukking van de illusie en heeft vaak een karmische oorzaak. Elke ziekte is een uitwerking waarbij men niet zorgvuldig en in liefde voor zich zelf gezorgd heeft. Als men de psychologische achtergrond achterhaalt van een ziekte kan men deze beginnen te genezen. Alles is energie, dus ook ziekte en de mens die in God-Zijn is, is in staat ziekte-energie om te zetten naar gezonde-energie. Vaak dient men het lichaam te genezen door ook de verschillende (onzichtbare) lichamen en karmisch verbonden levens te zuiveren. Men hoeft zich daar niet bewust van te zijn, maar de zuivere intentie er doorheen te laten stromen.
In meditatie kan je vragen of God je kan laten zien waar je aan dient te werken voor jezelf. Elke ziekte is te genezen en hangt af van de doorzetting en de bereidheid om gezond te worden. We hebben nu eenmaal Gods kracht in ons. Realiseer je in je onderzoek naar de oorzaak van je ziekte op psychisch niveau dat je het licht daar dient te brengen om de illusie van de ziekte te doorbreken. Onthoud nog steeds: alles wat je in dit leven integreert, neemt je ziel mee als ervaring naar een volgend leven. Het is nooit weggegooide tijd. Vertrouwen maakt de ziel krachtig en laat het besef integreren dat de Ziel tijdloos is.

De Volbrenging: Hemel op Aarde

Als men door de illusie heen weet te breken zal men ervaren dat het nirwana overal is. Als een ieder op Aarde deze bewustwording bereikt spreekt men van Hemel op Aarde. Hemel op Aarde is het paradijs waar men in het Koninkrijk Gods is en leeft, want dan komt Gods ware identiteit volledig tot uitdrukking:

Boven en beneden zijn dan één.
De dualiteit is verdwenen, waardoor men niet meer in staat is onderscheid te maken.
Het wiel van de wedergeboorte is doorbroken, de illusie vergaan en als Verheven Meesters zullen we op Aarde zijn.

Een wereld levend vanuit licht, vol onvoorwaardelijke liefde, waar het ego geen macht heeft, maar alleen een ruis in de verte is.
En de illusie slechts een verre herinnering.
Het Besef wordt werkelijkheid en Tijd en Ruimte, wat is dat?
In diepe vrede deint men mee met de stroming van het licht.
Vanzelf komt men waar men dient te wezen, want de innerlijke strijd is voorbij.

Men zal zegevieren want het ware IK BEN vindt zijn uitdrukking in ZIJN voor Eeuwig en Altijd!

Ontwaken uit de droom

Een paradijs op Aarde daar droom ik van
Een wereld waar we allen in liefde met elkaar omgaan
Een wereld waar strijd verleden tijd is
Een wereld waar men beseft dat we allen één zijn
Een wereld waar we zorgen voor elkaar
Een wereld waar wij zorg dragen voor alles dat er is
Een wereld waar God zijn ware identiteit laat zien
Een wereld waar
Ik weet dat het bestaat de Wereld
Eens wordt mijn droom werkelijkheid

Sathanama

Stichting Isaia: www.isaia.me
Info: info@isaia.me

www.ingramcontent.com/pod-product-compliance
Ingram Content Group UK Ltd.
Pitfield, Milton Keynes, MK11 3LW, UK
UKHW020217250726
13967UKWH00001B/55

9 781304 575210